El eclipse solar

Lily Erlic

EYEDISCOVER

www.openlightbox.com

Ve a **www.openlightbox.com** e ingresa el código único de este libro.

CÓDIGO DEL LIBRO

AVX85776

EYEDISCOVER te trae libros mejorados por multimedia que apoyan el aprendizaje activo.

Published by Lightbox Learning Inc.
276 5th Avenue, Suite 704 #917
New York, NY 10001
Website: www.openlightbox.com

Library of Congress Control Number: 2024933205

ISBN 979-8-8745-1425-9 (hardcover)

Printed in Guangzhou, China
1 2 3 4 5 6 7 8 9 0 28 27 26 25 24

072024
102523

Art Director: Terry Paulhus
Layout: Ana María Vidal
English Editor: Priyanka Das
Spanish Editor: Sara Cucini
Spanish/English Translator: Translation Services USA

The publisher acknowledges Alamy, Getty Images, and Shutterstock as the primary image suppliers for this title.

EYEDISCOVER proporciona contenido enriquecido, optimizado para el uso en tabletas, que complementa este libro. Los libros de EYEDISCOVER se esfuerzan por crear un aprendizaje inspirado e involucrar a las mentes jóvenes en una experiencia de aprendizaje total.

Mira
El contenido de video da vida a cada página.

Navega
Las miniaturas simplifican la navegación.

Lee
Sigue el texto en la pantalla.

Escucha
Escucha cada página leída en voz alta.

Tu EYEDISCOVER con Seguimiento de Lectura Óptico cobra vida con...

Audio
Escucha todo el libro leído en voz alta.

Video
Los videos de alta resolución convierten cada hoja en un seguimiento de lectura óptico.

OPTIMIZADO PARA
- ✓ TABLETAS
- ✓ PIZARRAS ELECTRÓNICAS
- ✓ COMPUTADORES
- ✓ ¡Y MUCHO MÁS!

Este título es parte de nuestra suscripción digital en español

1-año de suscripción
ISBN 978-1-5105-5935-6

Accede a todos los títulos de EyeDiscover con nuestra suscripción digital.
Regístrate para una prueba GRATUITA en www.openlightbox.com/trial

Se garantiza que los componentes digitales de este libro estarán activos por al menos cinco años desde la fecha de publicación.

El eclipse solar

En este libro, aprenderás

- qué es
- cómo ocurre
- cómo se ve

¡y mucho más!

Un eclipse solar ocurre cuando la Luna impide que la luz del Sol llegue a la Tierra.

En un eclipse solar, la Luna se interpone entre la Tierra y el Sol y su sombra se proyecta sobre la Tierra.

El eclipse solar puede ser parcial. Esto significa que la Luna tapa solo una parte del Sol.

En un eclipse solar total, la Luna tapa al Sol por completo.

Los eclipses solares totales solo ocurren aproximadamente una vez cada 18 meses.

El último eclipse solar total ocurrió el 8 de abril de 2024.

Los eclipses solares solo se pueden ver desde ciertos lugares.

Las personas en México, los Estados Unidos y Canada pudieron ver el eclipse solar total el 8 de abril de 2024.

Los eclipses solares pueden dañar la vista. Si queremos verlos, debemos usar unos anteojos especiales.

EL ECLIPSE SOLAR EN CIFRAS

Entre **2001** y **2100**, se habrán producido **224 eclipses solares** parciales y totales.

Los **científicos** han podido **predecir** los eclipses solares por más de **2000 años.**

Los eclipses s
olares pueden
ocurrir entre
2 y 5
veces al año.

Los anteojos
para ver eclipses
solares son 100 000 veces
más oscuros que los
anteojos de sol comunes.

La última vez que
hubo 5 eclipses
solares en 1 año
fue en 1935.

Un eclipse
solar total
solo se
puede
ver desde el
mismo lugar de la Tierra
una vez cada
375 años.

Mira
El contenido de video da vida a cada página.

Navega
Las miniaturas simplifican la navegación.

Lee
Sigue el texto en la pantalla.

Escucha
Escucha cada página leída en voz alta.

EYEDISCOVER

Ve a www.openlightbox.com e ingresa el código único de este libro.

CÓDIGO DEL LIBRO

AVX85776